V 26-9.
A 2.

L'ART
DU
CHANT FIGURÉ.

L'ART
DU
CHANT FIGURÉ
DE
J. B. MANCINI,

Maître de Chant de la Cour Impériale de Vienne, & Membre de l'Académie des Philarmoniques de Bologne;

TRADUIT DE L'ITALIEN
PAR M. A. DESAUGIERS.

Italiam! Italiam! Æneid. VI.

A VIENNE,
Et se trouve A PARIS,

Chez { CAILLEAU, Imprimeur-Libraire, rue Saint-Severin.
DURAND, Neveu, rue Galande.
LACOMBE, rue Christine.
Veuve DUCHESNE, rue St. Jacques, au Temple du Goût.

M. DCC. LXXVI.

A MONSIEUR

RICHER,

MAITRE DE MUSIQUE

DE MONSEIGNEUR

LE DUC DE CHARTRES.

MONSIEUR,

*Tout m'engage à vous dé-
dier cet Ouvrage. A qui pourrai-*

je l'offrir à plus juste titre ? Qui mieux que vous est en état de l'apprécier ? L'Auteur en fit l'hommage à la Reine de Hongrie : j'en fais l'hommage au Dieu du Goût.

J'ai l'honneur d'être, Monsieur, avec les sentimens que vos talens inspirent,

Votre très-humble & très-obéissant Serviteur,

DESAUGIERS.

AVERTISSEMENT.

LA Traduction que nous donnons au Public sous le titre de l'*Art du Chant figuré*, n'est point littérale. Nous avons cru, d'après l'avis d'un Académicien célèbre, sous les yeux duquel elle a été entreprise, qu'il était à-propos de supprimer tout ce qui n'avait point un rapport direct à la chose, & ne contenait que des réflexions vagues sur des matières déja connues & quelquefois des répétitions.

Cette maniere libre de faire passer dans notre langue les richesses étrangeres, est la seule qui puisse être en usage. Chaque Nation a son caractère qui lui est propre, & chaque langue son génie particulier, ce qui donne à la plupart des ouvrages, traduits servilement, un air *étranger*. On peut profiter, pour l'avancement des Arts, des découvertes de nos voisins; mais il semble que le Traducteur, qui nous rend leurs préceptes, doit se les approprier, & donner à sa Traduction un caractère national.

C'est d'après ces motifs que nous nous sommes permis de faire dans cet ouvrage, purement didactique, les additions qui nous ont paru convenables, & les suppressions nécessaires. Nous pouvons nous flatter de n'avoir rien omis d'essentiel à l'objet principal, qui est la perfection de l'Art du chant, que l'Auteur a déployé avec toute la clarté, & la justesse d'un homme consommé dans son Art. Ses préceptes sont, de l'avis de tous les savans Musiciens de l'Europe, les meilleurs qui aient parus sur la perfection du chant, soit simple, soit composé.

Nous nous croyons obligés d'avertir que nous avons entièrement passé deux articles. L'un, qui servait d'introduction à l'Ouvrage, roulait sur la Musique en général, & ne contenait que des détails mille fois rebattus & exposés partout ailleurs. Il nous paraît qu'il eût été plus à-propos de commencer par des réflexions sur le chant en particulier, puisque c'était de cette partie seulement que l'Auteur se proposait de parler. L'autre, plus du ressort de la Morale & de la Physique que de la Musique pratique, était contre l'usage inhumain de perfectionner le chant aux dépens de la propagation, & d'annuler des hommes pour former des Chanteurs. Ce morceau, qui fait vraiment honneur à son Auteur, convenait plus à l'Italie qu'à la France, & était au moins inutile pour nous. D'autres raisons nous ont déterminé à le supprimer.

L'ART,

L'ART
DU
CHANT FIGURÉ.

ARTICLE PREMIER.

Des diverses Ecoles de l'Italie, & des personnes célèbres qu'elles ont produit.

LES Ecoles de Musique les plus renommées de l'Italie ont été celles de *Pistocchi* à Bologne, de *Brivio* à Milan, de François *Peli* à Modene, de François *Redi* à Florence, des *Amateurs* (*Amadori*) à Rome, & celles de *Porpora*, de Léonard *Leo* & de François *Feo* à Naples.

Ces diverses Ecoles ont produit une infinité de grands Chanteurs & de grandes Chanteuses; mais nous ne citerons ici que les personnes qui se sont distinguées dans l'Art du Chant depuis la fin du siecle dernier.

Le Chevalier Balthazar *Ferri*, de Perouse, vivait

alors. Ce célèbre Chanteur était doué de la plus belle voix qui peut-être ait jamais existé. Il excellait dans tous les genres de Chant. Son intonation était si parfaite & si surprenante qu'il montait & descendait, tout d'une haleine, deux octaves pleines, par un trill continuel, marquant tous les degrés chromatiques avec la plus grande justesse. Enfin il possédoit à un suprême degré toutes les qualités possibles. Chose merveilleuse qu'on n'avait jamais vue, & qu'on ne reverra peut-être jamais. M. Rousseau ne craint pas de donner à ce Chanteur les épithétes d'*unique* & de *prodigieux*. (*)

Siface & le Chevaliér *Matteucci* se distinguerent par la rareté de leur voix, & par une expression infinie. Ce dernier conserva jusqu'au delà de quatre-vingt ans, une voix si fleurie, si claire, si flexible & si légere, que ceux qui ne le voyaient pas le croyaient un jeune homme à la fleur de ses ans.

Gaëtan *Orsini* eut le même avantage que le Chevalier *Matteucci* & mourut comblé d'honneurs par la Cour Impériale de Vienne.

François Antoine *Pistocchi*, voulant dans sa vieillesse se rendre utile à ses compatriotes, abandonna la ville de *Forli* où il s'était retiré pour finir ses jours chez les PP. de l'Oratoire, & vint s'établir à Bologne, sa patrie, où, ayant ouvert une École

---

(*) Dictionnaire de Musique, article *Voix*.

de Chant, il enseigna avec tant de charité, de douceur & de méthode, qu'il forma d'excellens Ecoliers, dont les plus célèbres sont les quatre suivans.

Antoine *Bernacchi*, disciple de *Pistocchi*, parvint à se faire admirer universellement. La nature lui ayant refusé une belle voix dans sa jeunesse, il fut renvoyé successivement par plusieurs maitres, jusqu'à ce qu'enfin il fut se jetter dans les bras de *Pistocchi*, qui le reçut charitablement & tira de sa voix tout le parti possible, la forma par dégrés & par ses leçons qui, jointes à une extrême assiduité à l'étude de la part de son écolier, le conduisirent enfin jusqu'à la perfection. Tel est l'effet que produisent les leçons d'un bon maitre, & l'activité infatiguable d'un docile écolier. *Bernacchi*, à l'exemple de son maitre, ouvrit une Ecole à la jeunesse. Il ne reste plus de tous ses disciples que Jean *Tedeschi*, dit *Amadori*; Thomas *Guarducci*, & le célèbre Antoine *Raff*, lesquels se sont distingués dans l'Art du Chant par leur variété, leur légéreté, & par un stile particulier à chacun d'eux.

Antoine *Pasi* de Bologne, Jean Baptiste *Minelli* & *Bortolino* de Fayence furent également disciples de *Pistocchi*. Le premier se fit une célébrité par son goût exquis & tout-à-fait rare, qui consistait en de petits grouppes gracieux, des mordants, & en de semblables petits riens, dont l'ensemble formait un stile particulier & surprenant.

Minelli joignait une profonde science à une noble maniere de porter la voix.

Bortolino ne se distingua dans aucun genre particulier, mais il s'acquit néanmoins une grande reputation dans l'Art du Chant. (*)

Jean *Carestini*, nâquit au mont Filatran, dans la marche d'Ancône ; dès l'âge de douze ans il quitta sa patrie & s'en fut à Milan, où il sçut tellement captiver l'amitié de la famille des *Cusani*, qu'on lui donna le surnom de *Cusanino*. La Nature liberale l'avoit doué d'une très-belle voix, qu'il perfectionna par l'étude, & qu'il rendit sublime dans tous les genres. Il joignait aux agrémens d'une physionomie heureuse, un esprit très-fécond, & un discernement délicat, joint à une si grande modestie, qu'il n'était jamais content de lui-même. Un jour qu'il était appliqué à étudier son rôle, un de ses intimes amis survint & ne pût s'empécher de l'applaudir ; surquoi le modeste *Carestini* tout confus, lui dit : *Mon ami, ne vous moquez pas de moi. Comment pourrais-*

(*) On peut observer ici que si ces quatre divers écoliers de *Pistocchi* eurent chacun un genre & un stile différent, quoique sortant des mains du même maître, c'est que le maître intelligent, ayant découvert le genre auquel chacun d'eux était porté naturellement, les avait instruits, chacun en particulier, d'une maniere différente & relative à leur inclination naturelle. C'est ce que doit faire tout bon maître. La voie qu'indique la Nature est la seule qui puisse conduire à la perfection.

le satisfaire les autres, si je ne peux parvenir à me satisfaire moi-même?

Le Chevalier Don Charles *Broschi*, plus connu sous le nom de *Farinello*, à qui la Nature avait prodigué tous ses dons, ayant fait ses études sous la direction du célèbre Nicolas *Porpora*, fit des progrès si rapides que sa réputation fut en peu de tems répandue dans toute l'Europe ; tant sa voix était belle. Ce célèbre Chanteur faisait entendre des choses particulieres à lui si neuves & si étonnantes qu'il ravissait l'admiration de tous ceux qui l'entendaient. Mais en quoi il se distingua le plus, ce fut dans l'Art de conduire & de gouverner son haleine, qu'il reprenait si finement & si délicatement, que personne n'avait jamais pû s'en appercevoir. Enfin il possédait à un degré si éminent toutes les qualités nécessaires à un Chanteur, qu'à peine commença-t-il à paraître que tous les théâtres de l'Italie se l'arracherent, & qu'il fit les délices de plusieurs Cours de l'Europe, où il fut appellé. (*)

Gaëtan *Majorano*, dit *Caffarelli*, naquit dans la Province de Bari. Dès sa plus tendre jeunesse il se transporta à Naples, où il s'appliqua à l'étude avec tant d'assiduité qu'il se fit bientôt admirer de tous

(*) *Farinello* vit aujourd'hui dans une de ses maisons de campagne des environs de Bologne. Là, il jouit en paix de la tranquillité, de la liberté, du bonheur enfin, & de tous les biens pour lesquels tous les hommes se sentent nés.

les gens de l'Art. Il parcourut ensuite divers théâtres de l'Italie, où il s'acquit une réputation des plus distinguées. Je n'entreprens point de faire l'éloge de ce grand Chanteur. Son mérite & ses rares talens ne sont-ils pas connus de toute l'Europe?

Charles *Scalzi*, Génois, a été mis au rang des premiers Chanteurs. Il se distingua successivement dans différens genres de chant ; tels que ceux de *Conti*, dit *Giziello*, de *Fontana*, de *Regginello*, d'*Annibal*, de *Monticelli*, d'*Appianino*, de *Salimbani*, de *Babbi*, d'*Amorevoli*, &c.

Victoire *Tesi*, naquit à Florence, où elle reçut les premiers élémens du chant du célèbre maître de Chapelle, François *Redi*. De-là ayant passé à Bologne, elle continua ses études sous la direction de *Campeggi*, fréquentant en même tems l'école de *Bernacchi*, où elle se perfectionna. Cette aimable fille étant portée naturellement au genre comique par son humeur vive & enjouée, s'y appliqua uniquement & avec tant d'assiduité, qu'elle parvint enfin à la plus grande célébrité. Pouvait-elle manquer d'y parvenir? Elle réunissait toutes les prérogatives qui rarement se trouvent ensemble. Beauté parfaite, port noble & gracieux, prononciation claire & distincte, accent exprimant le vrai sens des paroles, intonation parfaite & ne variant jamais, pas même dans le feu de l'action la plus vive & la plus animée, enfin elle rendait tous les caractères & toutes les diverses situations par des gestes si expressifs & si naturels qu'ils paraissaient lui être propres. Toutes ces diverses qualités lui valurent des distinctions très-flatteuses. Le Roi de Danemarck la décora de la croix de l'Ordre de *Constance & Fidélité*.

Faustine *Bordoni*, épouse du fameux compositeur Jean *Hasse*, surnommé le *Saxon*, naquit à Venise, où elle apprit l'Art du chant, sous la direction de Michel-Ange *Gasparini* de Lucques, disciple du célèbre Antoine *Lotti*. Cette fameuse Cantatrice se distingua particuliérement dans le genre léger qu'elle exécutait supérieurement. Elle avait l'intonation la plus parfaite ; sa voix, quoique légère, étoit toujours unie & soutenue ; elle possédait encore l'art de conserver son haleine & de la reprendre délicatement.

Françoise *Cuzzoni*, née à Parme, fut disciple de François *Lanzi*, professeur de mérite, sous la direction duquel elle devint une Chanteuse admirable. Sa voix, autant par sa clarté que par sa douceur & sa legéreté, était de celles qu'on appelle par excellence, voix *angélique* ; elle possédoit d'ailleurs supérieurement l'art de la conduire, de la soutenir, de la renforcer & de l'adoucir insensiblement. Chantait-elle une Ariette ; elle la rajeunissait par des mordants, des petits grouppes, des trills parfaits, & enfin par tous les agrémens du chant ;

qu'elle exécutait à ravir. Son intonation était d'une justesse sans égale, dans les sons même les plus aigus. Aussi son chant fût-il sublime & rare, & lui acquit une telle célébrité que les plus grands théâtres se l'arrachaient. Appellée à Londres par quatre différentes fois, elle y épousa enfin Pierre *Sandoni*, de Bologne, dont la réputation alloit de pair avec celle du fameux Fréderic *Hendel*.

On peut encore mettre au nombre des Chanteuses qui ont été estimées en différens tems, une *Peruzzi*, une Thérèse *Reuther*, Chanteuse de chambre de la Cour Impériale de Vienne; une Catherine *Visconti*, dite *la Visconcina*; une Jeanne *Astrua*, & une *Mingotti*.

Parmi les femmes qui brillent de nos jours, on peut distinguer Rose *Tartaglini*, épouse de *Tibaldi*, quoiqu'elle ait abandonné le théâtre depuis quelques années; Catherine *Gabrielli*; Lucrèce *Agujari*; Anne *de Amicis*; Elisabeth *Teyber*; Antoinette *Girelli*; N... *Aguillari*, dite la *Bastardella*; Antoinette *Bernasconi*; Catherine *Leidnerin*, connue sous le nom de *Schindlerin*, & Marianne *Schindlerin*, nièce de la précédente.

Parmi les hommes on peut distinguer *Santarelli*; Jean *Manzzuoli*; Philippe *Elisi*; Ferdinand *Mazzanti*; Joseph *Aprile*; Gaëtan *Guadagni*; Pascal *Potenza*; Charles *Niccolini*; Ferdinand *Teuducci*; Charles *Conciolini*; Joseph *Millico*; Antoine *Goti*; Venant *Rauz-*

zini ; Antoine *Graffi* ; Jean *Tofchi* ; Joseph *Cicognani* ; *Corforri* ; *Pacchiarotti* , & quelques autres.

De toutes les écoles de chant qui font aujourd'hui en Italie, les feules qui méritent ce nom font : celle des confervateurs de Venife ; celle des confervateurs de Naples, & celle du Chevalier Barthelemi *Nucci* de Pefcia.

Toutes les autres écoles font plutôt autant de bureaux de trafic & de commerce que d'écoles de chant. En effet, les directeurs mercenaires de ces écoles ont introduit l'ufage de prendre des enfans en penfion pour un certain tems, & comme ils aiment mieux leur propre intérêt que celui de leurs éleves, dans la crainte que le tems convenu ne foit paffé infructueufement, ils leur font parcourir rapidement tous les élémens du chant, & fe hâtent de leur faire chantonner quelques petites ariettes, qu'ils leur apprennent prefque par routine, ou quelques petits motets qu'ils leur font chanter en public, pour toucher la fomme convenue, feul objet de tous leurs vœux.

Que s'enfuit-il de-là ? Que ces jeunes enfans, fans principes & fans aucun fondement folide, ne peuvent fe perfectionner d'eux-mêmes, dans la fuite des tems. Tels que ces jeunes plantes qui, fuperficiellement cultivées, & ne pouvant pouffer de profondes racines à défaut de culture, reftent toujours les mêmes, & n'ont jamais la force de porter des fruits : ou tels encore que ces édifices qui, solides en apparence, n'appuyent cependant que sur de frêles fondemens qu'un souffle détruit. Abus énorme, qui tend directement à la destruction de lA'rt du chant figuré, qui est l'un des principaux délices de la société, &, pour ainsi dire, l'ame de la Musique.

Si dans tous les beaux-arts les succès des écoliers dépendent beaucoup de la science du maître & de sa bonne volonté à les instruire; (& c'est de quoi l'on ne peut douter) dans l'école du chant figuré ils en dépendent entièrement. Qu'un peintre, un sculpteur, un architecte, un poëte, un musicien ne soit pas des plus excellens ou des plus ingénieux à communiquer toutes ses connaissances à ses écoliers, ceux-ci pourront se perfectionner un jour par eux-mêmes, & rectifier ce que leur maître peut leur avoir enseigné de défectueux. Il existe tant de parfaits monumens d'architecture, de peinture, de sculpture, de poësie & de musique des plus grands maîtres, qu'un jeune homme qui a du génie, n'a qu'à les étudier pour se perfectionner. Mais il n'en est pas du même de l'Art du chant dont on n'a, ni ne peut avoir, aucun monument, par la raison qu'un chanteur ne peut laisser à la postérité, ni cet enthousiasme, ni cette méthode, ni cette grace, ni cette conduite, &c. avec lesquels il embellissait son chant. Qu'on ouvre les partitions des plus célèbres compositeurs, on n'y trouvera sûrement aucune de toutes ces choses, pas même le plus simple passage, & cela tout expressément pour laisser au chanteur la liberté de l'embellir à sa fantaisie & selon son goût. Bien plus: prenons en main une Ariette chantée par le célèbre *Farinello*, & ayons séparement par écrit toutes les variations & les agrémens qu'il a employé pour l'embellir ; nous ne pourrons néanmoins découvrir, en aucune façon, quelle était précisément sa méthode, ou, pour mieux dire, cette magie, qui lui a acquis une si grande célébrité.

Or, si cette méthode, cette noblesse, & toutes ces gentillesses qui rendent la musique vocale si variable, quant au goût du chant, ne peuvent s'expliquer que par la voix & l'exemple du maître, n'est-il pas d'une absolue nécessité que les écoles du chant figuré soient toujours dirigées par de célèbres chanteurs, pour que de ceux-ci il en sorte successivement d'autres qui puissent un jour perpétuer à leur tour leur méthode, & toutes les finesses de l'art.

ARTICLE II.
De la Voix, de ses défauts & des moyens de les corriger.

« La voix est la somme de tous les sons qu'un
» homme peut en chantant tirer de son organe." (*)
Mais elle differe presqu'autant dans chaque individu
que les traits du visage.

Comme la Nature ne prodigue que très-rarement
tous ses dons à la même personne ; très-rarement
aussi accorde-t-elle toutes les qualités qui constituent
une voix parfaite.

La beauté & la perfection de la voix consistent
dans son étendue, dans sa douceur, dans sa légéreté,
sa flexibilité, son tymbre, son harmonie, &c.

Ses défauts sont en grand nombre ; je ne parlerai
ici que des plus communs.

Il est des personnes qui ont une voix dure, forte
& âcre : il en est d'autres qui l'ont bornée, foible
& voilée ; d'autres enfin qui ont une voix riche en
étendue, mais sans consistance. La premiere n'a
besoin que d'être adoucie & épurée : la seconde
d'être renforcée, éclaircie & étendue : la troisieme
semblerait, par la même raison, n'avoir besoin

(*) Dictionnaire de Musique par J. J. Rousseau. Ar:. *Voix*.

que de consistance ; mais l'art est ordinairement en défaut à l'égard de cette espece de voix. Voici toutefois les moyens qu'on peut employer pour tâcher de lui donner du corps & quelque consistance.

Comme cette voix débile n'est riche en étendue que du côté de l'aigu & qu'elle est ordinairement très-pauvre du côté du grave, si elle n'en est pas totalement privée, l'unique moyen de donner quelque prise à cette petite voix, la pire de toutes, est de lui faire pousser pendant quelque tems des sons graves seulement, pour tâcher de donner quelque force à ces sons, & d'entendre la voix de ce côté. La *solfiation* (*) dans cet exercice doit être très-posée & très-douce ; l'écolier ne doit jamais s'efforcer, & ne pousser ses sons que proportionellement à la foiblesse de sa poitrine, qu'il ruinerait totalement sans cette précaution.

La voix bornée, faible & obscure peut, par le moyen d'un exercice long & constant, acquérir de l'étendue, de la force & de la clarté ; moyennant qu'on observe dans le cours de cet exercice de ne jamais la forcer. (**)

(*) Ne connaissant point de substantif au verbe solfier, (*solfeggiare*) ; j'ai cru, pour éviter les circonlocutions trop fréquentes, pouvoir me permettre celui-ci.

(**) Une grande partie des maîtres croient corriger les défauts de cette qualité de voix en faisant chanter l'écolier à pleine gorge : ils se trompent cruellement. Si c'est un enfant, ils lui

Quant à la voix forte, dure & âcre, il faut la contenir, surtout dans les sons aigres qui ont toujours le plus de besoin d'être adoucis & dépouillés totalement de cette rudesse & de cette aigreur qui blesse l'oreille. C'est à quoi l'on ne parviendra que peu-à-peu, au moyen d'une *solfiation* composée de notes de valeur, passant du grave au *médium* & de-là revenant au grave, jusqu'à-ce qu'enfin ces sons étant adoucis l'on monte par gradation à ceux de l'aigu, auxquels le maitre doit s'appliquer le plus pour leur donner une force & une douceur proportionnée aux autres.

On conçoit par ce qui vient d'être dit que l'on doit toujours ménager extrêmement la poitrine, & que ce doit être l'objet principal de tout maitre intelligent & sage. En effet, on ne doit jamais employer des moyens violens avec un jeune écolier, quelque robuste qu'il puisse être : mais toujours des plus moderés & des moins dangereux. En général la *solfiation* ne doit jamais excéder l'étendue de la voix actuelle de l'écolier, & le maitre ne doit

---

perdent à coup sûr la poitrine : si c'est un jeune homme il y a encore à craindre qu'il n'y perde plus qu'il ne peut y gagner. Cette méthode est donc scabreuse à tous égards, &, au pis aller, mieux vaut pour l'écolier que sa voix reste telle que la Nature la lui a donnée, que de risquer de la lui obscurcir davantage, en affaiblissant sa poitrine ; d'autant mieux que cette qualité de voix est toujours entendue avec plaisir dans un lieu étroit.

chercher à développer son volume & son étendue, qu'à mesure que l'écolier croît en âge, & que l'étude développe ses forces : il pourra, lorsque ses études seront finies, chanter à pleine voix, observant néanmoins de ne jamais la forcer dans quelque lieu qu'il chante, vaste ou resserré, vuide ou peuplé, sourd ou sonore, non-seulement par rapport à sa poitrine, mais encore parce que la voix étant forcée perd toujours de sa beauté. (*)

Un autre avantage de cette méthode temperée est que l'écolier chantant à demi-voix apperçoit, ainsi que le maître, jusqu'au moindre petit défaut; ce qu'on ne peut remarquer dans la méthode contraire, par laquelle j'ose assûrer, d'après une longue expérience, que non-seulement on ne pourra appercevoir les petits défauts; mais qu'on ne parviendra même jamais à corriger les plus grands. Heureux encore si cette méthode n'en fait contracter de nouveaux & si elle ne ruine la santé de l'écolier pour le reste de ses jours!

Pendant le cours de l'étude de l'art du chant le maître doit être attentif à ce que l'écolier ait toujours sa tête haute & dans sa situation naturelle, pour que les parties du gosier soient dégagés, & qu'elles laissent un libre passage à la voix. L'espece

---

(*) Il faut excepter de cette regle toutes les situations violentes, telles que la douleur, le désespoir, la colere, &c. où l'expression exige des cris, plutôt que du chant.

de voix qu'on appelle communément voix dure & étouffée ou étranglée, provient toujours de ce que le chanteur resserre sa glotte & étrangle la voix à son passage. Il est tout simple que les parties du gosier étant gênées & dans une situation forcée qui les empêche d'agir librement, la voix rencontre des obstacles à son passage, & doit nécessairement perdre de son éclat, de sa force, & le gosier de sa flexibilité.

Il est encore des personnes qui chantent de la gorge, d'autres du nez, d'autres avec une voix grasse, dure, pesante, &c. Le moyen le plus efficace pour corriger ces défauts est de les contrefaire exactement. Il n'est pas douteux que l'écolier, honteux du ridicule qui en résulte, ne se corrige par sa propre expérience. (*)

(*) Ange *Bontempi*, de Pérouse, rapporte que le célèbre *Fedi*, chanteur & maître de chant à Rome, vers la fin du dernier siècle, pour corriger les défauts de la voix de ses disciples, les conduisait souvent promener hors la porte St. Paul, où est un magnifique écho; que là il les faisait tous chanter successivement & à pleine voix, pour que l'écho pût répéter fidèlement les défauts de chacun d'eux; (ce qui arrivait effectivement.) Il ajoute que ce moyen lui suffisait, & que ses écoliers se corrigeaient d'eux-mêmes.

ARTICLE

ARTICLE III.

De l'Union des deux Regiſtres de la Voix.

La voix, par ſa conſtitution naturelle, eſt diviſée en deux parties, qu'on appelle regiſtres en terme de l'Art; ſavoir, la voix de poitrine & la voix de tête, autrement dite fauſſet. (*) Or, comme l'une de ces deux voix eſt ordinairement plus forte que l'autre, & qu'il eſt de toute néceſſité que la voix, dans ſa totalité, ſoit d'égale force, & qu'on n'entende pas deux ſortes de voix dans le même chanteur, c'eſt à l'Art à corriger la Nature, en détruiſant la diſparité des deux regiſtres; c'eſt-à-dire en uniſſant la voix de poitrine à celle de tête, de telle façon que l'oreille ne puiſſe appercevoir leur point de ſéparation, & que par ce moyen toute l'étendue de la voix ſoit d'égale force & faſſe une. (**)

(*) Il n'eſt pas ſans exemple que certaines perſonnes n'aient eu l'avantage d'avoir une poitrine aſſez forte pour ne point connaître de fauſſet, & ne pouſſer leurs ſons aigus que par le ſeul regiſtre de poitrine. Mais, outre que ces exemples ſont rares, ces voix extraordinaires ſont toujours forcées & aigres dans le haut.

(**) Toute perſonne peut s'appercevoir par elle-même de ce point de ſéparation, par la différence ſenſible du paſſage d'un

B

Cette union des deux registres est incontestablement une des plus essentielles parties de l'Art du chant, & en même-tems des plus difficiles, quelques simples qu'en soient les moyens que voici:

Si l'écolier a la voix de poitrine forte, & celle de tête faible, le maître doit l'empêcher de pousser la première pour tâcher de l'adoucir, & en mêmetems lui faire renforcer peu-à-peu la partie faible, pour qu'elle acquière plus de consistance & une force proportionnée à la partie forte.

Si, au contraire, le registre supérieur est plus fort que l'inférieur, ce qui n'est pas ordinaire, il faut alors travailler à adoucir la voix de tête & à renforcer celle de poitrine, observant de ne jamais la forcer, pour ne point porter préjudice à l'écolier; c'est à quoi le maître doit toujours être très-attentif, puisque c'est de-là que dépend la santé, la voix & le succès. Plus l'écolier sera jeune, plus ces ménagemens seront nécessaires & l'effet tardif; mais il y parviendra insensiblement à mesure qu'il croîtra en

registre à l'autre. Il ne faut pour cela que chanter la gamme. Si c'est une voix de dessus, par exemple, elle observera, que ses quatre ou cinq premiers sons, qui viennent de la poitrine, seront forts, pleins, & qu'il les entonnera sans peine, jusqu'au point de séparation, qui varie selon la force du tempérament de chaque individu; mais qu'étant parvenu à ce point critique il sera peiné, & que tous les sons au-delà seront faibles & défectueux, parce qu'ils viennent de la tête.

âge & en forces, & sur-tout que son jugement se formera.

Pour travailler avec succès à l'union des deux registres, il faut que l'ecolier ait auparavant solfié l'Echelle par degrés conjoints & disjoints, & donné à sa voix l'étendue convenable à chacune de ses parties, tant du côté du grave que du côté de l'aigu. Après quoi le maître doit, à mesure que la voix de son écolier se perfectionne, travailler à former chaque regiftre séparement, en donnant à celui de poitrine, dont les sons moyens & graves sont naturellement homogènes & agréables, une force proportionnée, pour que le regiftre soit égal; & à la voix de tête, dont les sons aigus sont ordinairement aigres & forcés, la douceur nécessaire pour perfectionner également ce second regiftre, proportionnellement au premier, avec lequel il doit être confondu.

Ces deux regiftres étant bien formés respectivement, le maître pourra alors travailler à leur réunion, & à faire disparaître leur point de séparation ; difficulté qui, je le repète, ne peut être vaincue que peu-à-peu, à mesure que l'écolier augmente en âge & en savoir. C'est pourquoi le maître ne doit rien précipiter, mais laisser agir la Nature, & la suivre toujours pas à pas, sans jamais vouloir la forcer.

ARTICLE IV.

De l'Intonation.

De tous les défauts possibles de la voix, le plus grand est celui de l'intonation; défaut absolument insupportable dans un chanteur, quelque belle d'ailleurs que puisse être sa voix. On supporte ou tolere celui qui chante de la gorge, ou du nez, sa voix fut-elle médiocre; mais jamais celui qui chante faux. Ce défaut est d'autant plus grand qu'il ne peut être déguisé par l'art: tous les autres peuvent l'être, de façon au moins à n'être remarqué que par les artistes; mais celui-ci ne peut l'être absolument, & est toujours remarqué même des plus ignorans, parce qu'il blesse l'oreille la moins délicate en détruisant l'harmonie.

La fausse intonation provient d'une cause naturelle ou d'une cause accidentelle. Si la cause est naturelle, l'art n'y peut rien en aucune façon: *quod natura dedit tollere nemo potest*: si elle est accidentelle, il peut la détruire: *sublata causa tollitur effectus*.

Pour s'assurer de laquelle de ces deux causes provient le défaut d'intonation, le maître doit, sans se lasser, faire chanter souvent & distinctement son écolier en l'accompagnant à l'unisson, soit avec la voix, soit avec un instrument. S'il détonne constamment & sans jamais s'en appercevoir par lui-même, mais seulement lorsqu'il est corrigé par son maître, celui-ci peut être assuré que ce défaut provient d'une cause naturelle. (*) Que doit faire tout maître en pareil cas ? Renvoyer charitablement un tel écolier, pour ne point s'exposer l'un & l'autre à prendre des peines inutiles. Mais si au contraire celui qui a mal entonné aujourd'hui entonne bien demain, & se corrige de lui-même, il n'est pas douteux que la cause de sa fausse intonation ne soit accidentelle. Il ne s'agit alors que de découvrir d'où elle provient, pour y remédier.

Les causes accidentelles de la fausse intonation proviennent ordinairement ou d'une faiblesse d'estomac,

(*) « La cause de ce défaut est l'inégalité de force dans les oreilles.... J'ai fait quelques épreuves sur des personnes qui ont la voix *naturellement* fausse, & j'ai trouvé qu'elles avaient en effet une oreille meilleure que l'autre ; elles reçoivent donc à la fois par les deux oreilles deux sensations inégales, ce qui doit produire une discordance dans le résultat total de la sensation, & c'est par cette raison qu'entendant toujours faux, ils chantent faux nécessairement, & sans pouvoir même s'en appercevoir. Ces personnes dont les oreilles sont inégales en sensibilité, se trompent souvent sur le côté d'où vient le son ; si leur bonne oreille est à droite, le son leur paraîtra venir beaucoup plus souvent du côté droit que du côté gauche. Au reste, je ne parle ici que des personnes nées avec ce défaut.... » *Histoire Nat.* de M. de Buffon, Vol. de l'Homme.

ou d'une indigestion, ou d'un défaut d'attention, ou enfin de toute autre cause semblable.

Celle qui provient d'une faiblesse d'estomac ou de poitrine, exige beaucoup de ménagement de la part du maître pour son écolier, qui ne doit chanter qu'à demi-voix, jusqu'à ce que l'âge & le tems aient détruit la cause en fortifiant son tempéramment: ce serait vouloir le perdre que de le forcer à chanter à pleine voix. Si l'on doit ménager les poitrines les plus fortes, les personnes les plus robustes; combien ne doit-on pas ménager les faibles?

Quant aux autres causes, c'est une affaire de discipline.

Pour amener la voix à une parfaite intonation, il faut faire usage d'une *solfiation* simple, posée, facile, & jamais scabreuse, pour que l'écolier, moins préoccupé par la note, puisse mettre toute son attention à la justesse de ses tons. On pratiquait autrefois, dans toutes les écoles d'Italie, une *solfiation* si difficile & si extravagante, qui, par sa difficulté captivait tellement l'attention des écoliers pour la lecture des notes, qu'ils étaient forcés de négliger la justesse de l'intonation: ajoutez à cela qu'elle les fatiguait extraordinairement & les obligeait à étudier fort long-tems. Le premier qui osa abandonner cette méthode, & lui en substituer une beaucoup plus simple & infiniment moins difficile & moins fatiguante, fut le célèbre Gaëtan *Greco*, Napolitain, l'un des maîtres de l'école des Conservateurs de Naples. Le but de ce grand maître, en substituant sa nouvelle méthode à l'ancienne, fut de faciliter à ses écoliers la justesse de l'intonation, à laquelle il était si attentif, que si quelquefois l'écolier prêtait plus d'attention à la dénomination de la note qu'à la justesse de son intonation, se tournant vers lui avec un noble dépit, lui disait: *Quesla nota intonate la : chiamate la poi anche Diavolo volete ; ma intonate la.* Entonnez cette note: du reste appellez-la comme vous voudrez; mais entonnez-la. *Greco* avait raison de s'attacher plus à la chose qu'au mot.

Cette méthode, avantageuse à tous égards aux écoliers, doit être la seule en usage, comme étant la plus simple, la plus facile, & la plus brieve. Ne devrait-on pas même, pour l'abréger encore plus, lorsqu'un écolier connaît parfaitement les notes, le faire passer tout de suite à l'étude de la vocale ? De-là résulteraient nombre d'avantages : on assurerait l'intonation ; on éclaircirait la voix, on la rendrait flexible & legère ; & sur-tout on établirait l'usage de la bonne prononciation & de la vraie position de la bouche.

ARTICLE V.

De la vraie position de la bouche.

AVANT de donner la regle de la vraie position de la bouche, il n'est pas mal-à-propos peut-être de montrer en quoi on s'en écarte, du moins le plus ordinairement. Quand on connait le danger on tâche ordinairement de l'éviter.

C'est un défaut de trop ouvrir la bouche. C'en est un de ne l'ouvrir pas assez ; & c'en est un sur-tout de ne pas desserrer les dents.

La premiere de ces trois fausses positions influe tellement sur la voix, qu'elle lui ôte sa clarté naturelle, parce que la bouche étant trop ouverte, les glandes tiroïdes & toutes les parties du gosier restent tendues & empêchent la voix de sortir librement. Cette position est d'ailleurs difforme. Il est des personnes qui ouvrent une bouche si large qu'elle ressemble à un petit four, & qui dans cette position ont une figure hydeuse & exactement semblable à celle d'un mufle.

La seconde position n'est guères moins ridicule & influe davantage sur la voix. Il est des personnes qui, non contentes d'entr'ouvrir à peine leur bouche, lui donnent, de plus, une figure ronde, qui la rend parfaitement semblable au cul d'une poule qui vient de pondre, & qui, pour comble de difformité, portent leur langue sur le bord de leurs levres. Cette fausse & monstrueuse position produit trois mauvais effets. 1°. Elle rend la voix obscure : la langue n'étant pas dans sa position naturelle empêche que la voix ne soit sonore, en ce que heurtant le palais, & ne pouvant sortir, elle est rapportée au gosier, & reste étranglée dans la bouche. 2°. Elle rend la voix nazarde, en ce qu'étant interceptée, elle est forcée de sortir par le nez. 3°. Enfin elle rend la prononciation défectueuse : il est tout naturel que prononçant avec la langue grossie on doive nécessairement bégayer.

La troisieme de ces fausses positions de la bouche est la plus commune & la plus défectueuse, quoique la moins difforme. Elle étrangle totalement la voix, empêche en même-tems l'articulation des paroles & la netteté & la clarté de la prononciation.

Ces défauts sont d'une conséquence d'autant plus grande qu'étant invétérés, ils sont incorrigibles. Qu'on juge par-là combien il est essentiel d'empêcher les jeunes gens de contracter ces mauvaises & ridicules habitudes, & que les parens fassent le choix d'un maitre qui soit en état de connaitre ces défauts, de les corriger, & de montrer à ses écoliers la vraie & parfaite position de la bouche.

A cet effet le maître de chant doit agir à l'égard de son écolier de même qu'un maitre de danse ; c'est-à-dire, qu'après l'avoir placé debout au-devant de lui & dans sa situation naturelle, il doit lui dire : *la tête haute... ne l'inclinez pas en avant... ne la jettez pas en arriere...* &c. Ensuite, l'écolier ayant la tête & le corps bien plantés, le maître doit situer sa bouche selon que le prescrit la regle générale : savoir, que TOUT CHANTEUR DOIT AVOIR SA BOUCHE DANS LA MÊME SITUATION QUE LORSQU'IL SOURIT NATURELLEMENT, ET DE MANIERE QUE LES DENTS DE LA MACHOIRE SUPÉRIEURE SOIENT AU PERPENDICULAIRE ET MÉDIOCREMENT DÉTACHÉES DE CELLES DE L'INFÉRIEURE. Après quoi il doit le faire chanter, dans cette position, sans le perdre un seul instant de vue. (*)

Pour se convaincre de la vérité de cette regle, il ne faut que prononcer, dans la position qu'elle prescrit, les cinq voyelles *a e i o u* ; & l'on pourra obser-

---

(*) L'esprit de cette regle est que la bouche conserve sa position naturelle pour bien prononcer, pour épandre & éclaircir la voix, lorsque le goût & l'expression le requierent. On doit éviter les contorsions & les efforts qui rendent le chant & le Chanteur ridicule, & font souffrir le spectateur. Il ne faut se servir pour pousser la voix que de la force naturelle de la poitrine, & de la flexibilité du gosier pour l'exécution d'un passage quelconque.

ver que la bouche ne reçoit qu'un leger changement aux deux dernieres seulement, parce que pour prononcer l'*o* on est obligé de faire un mouvement de bouche presqu'imperceptible, & que pour l'*u* il faut avancer tant soit peu les levres ; de maniere cependant que la bouche ne s'éloigne pas beaucoup de sa vraie position. On doit en toutes choses éviter la caricature. (*)

Quant aux autres défauts de la figure ; tels que le tournoyement des yeux, les contorsions du col, des levres & de toute la personne, on doit pour les corriger faire chanter l'écolier debout & sans cahier. Par ce moyen, outre que n'étant point obligé de fixer son attention sur sa tâche, mais seulement sur son maintien, il se corrige plus facilement ; il exerce de plus sa mémoire, & le maitre apperçoit mieux ses défauts, soit sur sa figure, soit sur sa personne.

(*) Il faut observer que quoique les trois dernieres voyelles *i o u*, qu'on appelle dans l'Art du chant *prohibées*, soient en effet peu favorables, tant pour les soutenir, que pour y former un passage dessus, & que les Compositeurs les évitent autant qu'il leur est possible ; on doit néanmoins s'y exercer quelque tems, & spécialement sur la voyelle *o*, qui est la moins défavorable des trois.

ARTICLE VI.

De la maniere de porter la Voix, & de celle de l'appuyer.

Porter la voix, c'est lier deux notes l'une à l'autre, soit par degrés conjoints, soit par degrés disjoints : ce n'est qu'en soutenant l'haleine qu'on peut former cette liaison. (Voyez la *Planche, figure* 1.)

La meilleure méthode pour apprendre à porter la voix consiste à ne faire prononcer à l'écolier, en solfiant, que les deux voyelles *a e*, parce qu'elles sont les plus sonores.

Les solféges de cet exercice doivent être à la mesure à deux tems lents, pour que la voix ait un libre champ pour s'épandre, & doivent être d'abord composés de deux blanches, marchant par degrés conjoints, parmi lesquels on doit inférer peu-à-peu quelques degrés disjoints, selon les progrès & les forces de l'écolier, lequel doit observer de ne prendre haleine qu'au premier tems de la mesure, & seulement lorsque la note descend diatoniquement. C'est au maître à ménager ces points de respiration par intervalles plus ou moins grands, selon la force ou la faiblesse de la poitrine de son écolier. (*)

(*) La raison pour laquelle on ne permet pas de prendre

DU CHANT FIGURÉ.

L'écolier doit encore observer d'entonner la première note de chaque mesure à demi-voix, & de la renforcer insensiblement en passant à la seconde par des nuances insensibles jusqu'à sa plus grande force, ménageant sa respiration à cet effet avec la plus grande économie, pour accoutumer peu-à-peu les soufflets de la voix à la soutenir, à la renforcer & à l'adoucir : en un mot, pour se rendre en quelque façon maître de son haleine & la gouverner à son gré, ce qui est une des principales qualités de l'Art du chant.

Cette difficulté vaincue on pourra passer ensuite à des solféges d'un mouvement plus léger, & composés de notes de moindre valeur, marchant par degrés disjoints, & ensuite à la manière d'appuier ou renforcer la voix.

Appuier la voix, c'est faire entendre une ou plusieurs notes de goût qu'on renforce ou appuie, avant de faire entendre la note principale. (*Appoggiatura.*)

Cet agrément du chant se divise en *simple* & en *double* ou *grouppe*.

Le *simple* consiste simplement à appuyer la voix

---

haleine en montant diatoniquement, est que l'on a observé que les voix montent plus difficilement qu'elles ne descendent, & que les sons aigus sont de plus difficile exécution que les sons graves qui, étant plus naturels, sont plus faciles à entonner. Cette défense n'est donc que pour vaincre la difficulté de monter sans prendre haleine.

par une seule note de goût, autrement dite *port de voix*, dont la valeur doit être de la moitié de la note principale, & de deux tiers, si cette note est de valeur inégale. (*fig. 2.*)

Le *double* ou *grouppe* consiste à appuier la voix par deux ou plusieurs notes de peu de valeur, faisant ensemble à-peu-près la valeur de la seule petite note du *simple*. (*fig. 3.*)

Dans l'une & dans l'autre de ces deux manieres d'appuier la voix, on doit toujours finir par la vraie & principale note, & éviter toute caricature, surtout dans le genre sérieux; car si ces agrémens du chant sont trop chargés, ils deviennent désagréables. Dans le genre bouffon c'est autre chose : celui qui charge le plus, & qui est le plus ridicule, y est toujours le plus applaudi. (*)

Il en est de même de l'emploi de ces agrémens. Dans le genre sérieux on ne doit en faire usage que dans une Ariette de sentiment, & surtout dans les endroits d'expression. Ils seraient très-déplacés, par exemple, dans une Ariette d'invectives, & dans la plus grande chaleur de l'action, surtout sur ces mots : *tyran*, *cruel*, *impitoyable*, & autres semblables. Dans le genre bouffon, au contraire, tout y est permis; & même, comme il n'a pour but que d'exciter à

_____

(*) Il ne faut pas confondre le genre bouffon avec le genre comique.

rire, plus ces agrémens sont déplacés & plus ils sont à-propos. Il en est de même de tous les autres agrémens du chant.

> *E suon di man... con elle*
> *Vanno a ferir le stelle.*

ARTICLE VII.

Des Modifications de la Voix ou du Forte-Piano.

LE *Forte-Piano* est l'Art d'adoucir & de renforcer les sons; ainsi modifier la voix c'est donner à une note de valeur les nuances convenables; commençant à demi-voix, la renforçant ensuite, par degrés insensibles, jusqu'à sa plus grande force, & l'adoucissant avec les mêmes proportions, qu'on a employées pour la renforcer. C'est ce qui constitue proprement ce qu'on appelle *chant figuré ou coloré*. (*)

Pour bien modifier la voix, il faut nécessairement

(*) On fait ordinairement usage de ces nuances ou *piano-forte* au commencement d'une Ariette, dans le genre pathétique, sur une note couronnée, & au commencement d'une cadence (*cadenza*) à laquelle elles servent de préparation. Mais un vrai Chanteur les employe sur toute note de valeur & dans tout genre de chant, dont elles sont le principal agrément.

posséder parfaitement l'Art de conserver & retirer l'haleine, de laquelle dépend entièrement le succès de ces modifications.

Supposant donc que l'écolier soit parvenu à se rendre absolument maitre de son haleine & à la gouverner à sa volonté, il pourra s'exercer à donner à chaque note une force proportionnée à sa valeur, jusqu'à ce qu'il puisse le faire sans peine. C'est à quoi il parviendra peu-à-peu, moyennant une étude constante & assidue.

La bouche, dans cet exercice, doit être à peine entr'ouverte en commençant d'entonner à demi-voix, & doit s'ouvrir imperceptiblement & à proportion qu'on la renforce, jusqu'au point prescrit par l'Art.

Cette étude doit être entreprise avec modération pour ne pas nuire à la poitrine de l'écolier, que le maitre doit toujours extrêmement ménager; à l'effet de quoi celui-ci fera très-bien de le faire souvent reposer dans les commencemens de cette étude, qui doit être journalière & longue, à cause des difficultés considérables qu'on y rencontre. Les plus grandes sont, sans doute, en montant & descendant par degrés disjoints: mais, quelques grandes que soient ces difficultés, j'ose assurer qu'elles diminueront insensiblement, & qu'on parviendra enfin à les faire totalement disparaitre, moyennant une solfiation douce & proportionnée à la capacité & à la force

de

de l'écolier, & surtout avec beaucoup de patience, sans laquelle on ne vient à bout de rien.

L'abus de vouloir trop faire en peu de tems n'est déja que trop introduit parmi la plupart des maîtres de nos jours, des mains desquels il ne sort, & ne peut guères sortir, que des éleves à demi-formés, & dont la présomption rend l'ignorance encore plus insoutenable.

Le croira-t-on ? Il est des maîtres soi-disans, dont l'erreur est si grande, & qui font si peu de cas des modifications de la voix & de l'Art de gouverner son haleine, que, non-seulement ils les regardent comme inutiles à l'Art du chant, mais même comme nuisibles. Erreur extrême, qui ne peut provenir que d'une extrême ignorance. Malheur aux écoliers livrés à de tels maîtres.

Les modifications de la voix font, pour ainsi dire, l'ame de la Musique. En effet, ces nuances graduées, imitant les degrés intenses & remisses de la voix parlante ou de la parole, donnent à la Musique une expression infinie. C'est pourquoi nous ne saurions trop en recommander l'étude.

ARTICLE VIII.

Du Trill & du Mordant.

LE Trill (*trillo*) est de tous les agrémens du chant le plus nécessaire. Il donne du prix à une voix médiocre, & sans lui la plus belle voix perd tout son mérite. Le trill, en un mot, est le soutien, l'ornement & l'ame du chant.

Les principales qualités du trill consistent à être égal, battu, grainé, aisé, & modérement léger. Il est ordinairement composé d'une note vraie & d'une fausse, commençant toujours par la fausse & finissant par la vraie. La note fausse est toujours plus aiguë d'un degré diatonique que la vraie, & ces deux notes doivent être articulées & soutenues également.

La Nature n'accorde que rarement le don d'exécuter parfaitement le trill, & malheureusement l'Art est ici en défaut, & ne peut guères y suppléer. La seule regle qu'on puisse prescrire, est que *l'on doit battre le trill tout d'une haleine, par un léger mouvement du gosier.* Or, comme cette regle dépend en partie du plus ou moins de flexibilité naturelle du gosier, & qu'il n'existe encore aucune regle positive pour parvenir à acquérir cet agrément si essentiel, on ne peut qu'exhorter les écoliers à tâcher d'imiter les grands Chanteurs, & les maîtres à leur faire commencer cet exercice le plutôt possible, n'exigeant dans ses commencemens qu'une lente articulation des deux notes qui composent le trill, jusqu'à ce que le gosier ait acquis plus de flexibilité au moyen de cet exercice ; seul moyen qu'on puisse employer pour le délier. On doit observer pendant cette étude de tenir la tête élevée, pour que les parties du gosier soient libres, & que l'ouverture de la glotte ne soit point resserrée.

Tosi, dans son ouvrage, distingue le trill en huit espèces qu'il nomme : mais je parlerai seulement des trois principales, qui sont aussi les plus difficiles. (*)

La premiere espèce est le trill élevé ; (*trillo cresciuto*) ainsi appellé, parce qu'il s'exécute en montant. (*fig. 5.*) La seconde est le trill abaissé, (*trillo calato*) parce qu'il s'exécute en descendant. (*fig. 6.*) Le troisieme est le trill qu'on appelle redoublé, (*trillo raddopiato*) parce qu'en effet on le redouble. (*fig. 7.*)

Les deux premieres espèces de trills doivent être exécutés avec une précise & distincte gradation ; savoir, le trill élevé, en renforçant le son, & le trill abaissé en l'adoucissant.

(*) Les cinq autres espèces de *trills* sont, le trill plein, le brisé, le jetté, le trill doublé, & le trill feint. Ce sont les seuls que nous connaissons en France.

L'un & l'autre de ces deux trills doivent être exécutés fans prendre haleine, en trillant continuellement, & leur perfection exige qu'il n'y ait d'autre changement de voix que dans le paffage d'un ton à l'autre. Toutes ces difficultés réunies en font un des points les plus épineux de l'Art.

Le trill redoublé doit auffi être exécuté avec les nuances néceffaires & fans prendre haleine. Ce trill, étant exécuté dans fes juftes proportions, doit, par fa feule fimplicité, recevoir des applaudiffemens, furtout lorfqu'il n'eft préparé par aucune note de quelque valeur que ce foit.

Les défauts du trill font le chevrottement & le henniffement. (*) Ces défauts font affez ordinaires aux jeunes gens, qui, indociles aux avis & aux leçons de leur maitre, & ne fuivant que leur caprice, ne s'appliquent pas à battre le trill, en foutenant l'haleine, & en y joignant feulement un léger mouvement du gofier, comme le prefcrit la regle.

Ces défauts, au refte, ne font pas les feuls qu'on doive éviter; mais ils font les plus grands. Il eft des Chanteurs qui, quoiqu'ils n'aient ni l'un ni l'autre de ces défauts, ont cependant un trill très-ingrat: les uns parce qu'ils le battent trop lentement; les autres parce qu'ils l'étranglent dès fon commence-

---

(*) Ces deux défauts font ainfi appellés, parce qu'en effet l'un imite le cri de la chèvre & l'autre celui du cheval.

ment, pour vouloir trop le précipiter ; les autres encore parce qu'ils n'ont pas de mouvement égal ; d'autres parce qu'ils ne l'ont pas plutôt commencé qu'ils l'abandonnent à défaut d'haleine ; d'autres enfin qui ne le finissent plus.

Tous ces divers défauts ne doivent être négligés ni par le maitre ni par l'écolier ; &, au pis-aller, il vaut mieux ne faire entendre aucune sorte d'agrément, que de les mal exécuter.

Le Mordant (*mordente*) ne diffère du trill qu'en ce que la note fausse est à un degré diatonique au dessous de la vraie, qu'elle doit être frappée avec moins de force, & qu'elle doit être de moindre valeur. (*fig.* 8.)

Quiconque possède le trill, doit s'emparer facilement du mordant, quoique celui-ci soit plus serré & plus léger que l'autre. Le seul moyen que puisse employer le maitre dans l'étude du mordant, est de donner à l'écolier des solfeges légers, où doivent se trouver des notes pointées pour qu'il puisse s'y exercer.

Cet agrément ne le cède en rien au trill lorsqu'il est bien fait & bien exécuté.

L'un & l'autre de ces agrémens peuvent être placés dans tout genre de chant ; mais c'est au goût seul qu'il appartient de choisir leur vraie place.

ARTICLE IX.

De la Cadence.

LA Cadence (*cadenza*) consiste à faire entendre tout d'une haleine, sur une note suspendue, un nombre de notes différentes, selon la volonté & le goût du Chanteur, & de la résoudre par le trill ordinaire. (*) (*fig. 9.*)

Pour former parfaitement une cadence, il ne suffit pas de faire circuler un nombre prodigieux de notes par tous les degrés possibles, comme l'imaginent certains Chanteurs. Qu'ils sachent qu'il faut de plus, 1°. être ferme & sûr dans sa modulation, sans quoi l'on courrait grand risque de faire le trill sur un autre ton. 2°. Etre absolument maître de son haleine, pour pouvoir la ménager de telle maniere qu'on puisse former un trill parfait avant de faire entendre la note finale. 3°. Etre doué d'un esprit créateur pour faire entendre des traits frappans & imprévus. 4°. D'un jugement droit & surtout d'un goût exquis, pour suivre un motif semblable ou du moins relatif à celui de la Musique & à l'expression de la parole, pour éviter tout contresens. 5°. D'une voix purgée de tout défaut, parce que, dans la cadence

(*) On l'appelle aussi *arbitrio* en faveur de cette liberté.

la voix restant totalement isolée depuis la premiere note jusqu'à la derniere, on apperçoit jusqu'au moindre petit défaut. 6°. Que l'intonation, faisant ici la principale figure, doit être parfaite & se tenir, sans la moindre variation, dans son juste centre. 7°. Enfin il faut savoir modifier sa voix pour donner les nuances nécessaires à toutes sortes de passages, avec cette vraie expression qui forme le chant figuré ou coloré avec clair-obscur, si nécessaire, non-seulement dans la cadence, mais dans tout genre de chant.

Ce n'est que par le concours de toutes ces choses qu'on peut former parfaitement une cadence; & ce n'est aussi que par une étude constante & opiniâtre, qu'on peut parvenir à vaincre les difficultés qu'elles présentent. Il n'est pas même jusqu'aux qualités morales, telles qu'un esprit créateur, un droit jugement & un goût exquis, qu'on ne puisse acquérir, du moins jusqu'à un certain point, pourvu qu'on ne soit pas absolument dénué d'intelligence.

Comme la cadence renferme toutes les difficultés & tous les divers agrémens de l'Art du chant, dont elle est l'assemblage, &, pour ainsi dire, le chef-d'œuvre, le maître doit, sans différer, commencer cette étude sitôt que son écolier possede toutes les qualités qu'elle exige. A cet effet, il doit se borner dans les commencemens de cet exercice à lui faire unir une cadence à un trill. Cette cadence doit être composée de très-peu de notes, dont le nombre doit augmenter à proportion des forces morales & physiques de l'écolier. (*)

La cadence la plus longue, me dira-t-on, est-elle la plus belle & la plus parfaite?

Je réponds à cela que non. On ne doit jamais outre-passer, en quoi que ce soit, les bornes que les regles, dictées par la vraisemblance & le jugement, prescrivent. La prudence d'ailleurs exige qu'un Chanteur, quelque forte que soit sa poitrine, n'entreprenne jamais une cadence trop longue, pour ne point s'exposer, je ne dis pas à être forcé de l'abandonner à défaut d'haleine, mais à s'embarrasser dans une multitude de notes qui, sans goût, sans suite, sans liaison, n'étant pas soutenues selon les regles de l'Art, & repétées jusqu'à l'ennui, ne peuvent que causer le tourment de l'Auditeur & celui du Chanteur.

(*) Il est certains maîtres qui ne permettent à leurs écoliers d'entreprendre l'exercice de la cadence, que dans un âge fort, qu'ils appellent improprement *convenable* : ce qui est une erreur. Il en est encore d'autres qui, par un excès de ménagement, permettent aux leurs de prendre & reprendre haleine quand bon leur semble ; de maniere que ces écoliers forment la cadence par petits morceaux & la concluent pour ainsi dire par *bouchées*. L'erreur de ceux-ci est pire que celle des premiers. Ces maîtres apparemment ne connaissent point, ou du moins ne montrent point à leurs disciples, l'art si essentiel de conserver l'haleine.

ARTICLE X.

De la légéreté de la Voix.

TOUT ce qui a été dit jusqu'ici peut être acquis moyennant l'Art & l'étude : mais il n'en est pas de même de la légéreté de la voix ; pur don de la Nature. Vainement celui qui n'a pas la voix naturellement legére, tentera-t-il de la rendre telle ? Comme cette qualité ne souffre pas de médiocrité, tout maître, qui ne trouve dans son écolier aucune disposition naturelle à chanter avec légéreté, doit lui faire suivre une autre route, & toujours celle indiquée par la Nature : c'est à lui à la découvrir ; & c'est là son premier devoir. Il est tant de genres de chant à défaut de celui-ci, dans lesquels on peut se distinguer ! le sérieux, le bouffon, le tendre, le pathétique, &c. Chacun n'est-il pas porté par la Nature à un genre particulier ? Le grand point est de le découvrir. Tenter de la forcer, c'est presque tenter l'impossible. Heureux l'écolier guidé par un maître intelligent & sage ; il est sûr de parvenir à la plus haute perfection.

L'étude du genre léger exige dans ses commencemens une *solfiation* vocalisée & modérement legére, & beaucoup de ménagement de la part du maître pour son écolier, dont il doit toujours ménager la poitrine, que cette étude fatigue plus qu'aucune autre à cause de sa légéreté; c'est pourquoi il doit avoir une attention extrême en ce que ses solfeges soient toujours à un degré de légèreté proportionnée à ses forces, & de façon, qu'ils ne l'essoufflent ni ne le fatiguent jamais exorbitamment.

Ne serait-il pas même plus à-propos & plus sûr pour prévenir tout inconvénient, de faire vocaliser posément & distinctement l'écolier, dans les commencemens de cette étude, pour que toutes les notes fussent bien entonnées & purgées des moindres défauts; sauf de presser ensuite peu-à-peu le mouvement jusques à son plus haut degré de légéreté? Par-là on assurerait parfaitement l'intonation, & l'on accoutumerait insensiblement l'écolier, sans le moindre danger, à ce genre de chant. Cette méthode, à la vérité, est la plus longue, mais elle est aussi la plus douce & la plus prudente.

Au reste, je ne prétends point décider laquelle de ces deux méthodes est la meilleure : je les crois toutes les deux bonnes. Le maître peut employer l'une ou l'autre selon le plus ou le moins de force & d'élasticité des poumons de son écolier.

Ce genre est particulièrement employé dans les Ariettes de bravoure (*di bravoura*) : c'est-là où la voix déploye toute sa légèreté, & fait, pour ainsi dire, ses tours de force; mais c'est-là aussi le plus grand effort d'un Chanteur, & l'écueil de ceux à qui la Nature a refusé la flexibilité du gosier, d'où naît la légèreté de la voix. Ceux-là se montrent toujours inhabiles dans ce genre de chant, par les efforts mêmes qu'ils font, & qui paraissent non-seulement sur les traits de leur visage, mais encore sur toute leur personne, alors sans grace & sans mouvement. Uniquement occupés de l'articulation des notes, ces maussades Acteurs semblent par le remuement précipité de leur tête, produit par les durs martellemens du gosier au passage de chaque note, menacer le spectateur, déja trop malheureux par les tourmens qu'ils lui causent, & dont il se venge à juste raison par des huées & des mépris. Ils auraient peut-être dans tout autre genre ravi l'admiration & l'estime; tant il est vrai qu'on ne doit jamais sortir de celui auquel la Nature nous a destinés.

Du nombre des genres de légèreté sont le Martellé, (*martellato*) & le Sautillant (*cantar di sbalzo*.)

Le Martellé consiste à battre quelques notes également & très-distinctement. La voix dans ce genre doit répéter la même note plusieurs fois, & la premiere doit être plus aiguë que les autres. (*fig.* 10.)

Les notes martellées doivent être détachées légèrement, & renforcées là où le goût le requiert seulement : si elles sont trop chargées, le chant devient alors semblable à celui d'une poule qui glosse, toute joyeuse d'avoir fait son œuf.

Ce genre de légéreté est aujourd'hui presqu'entierement abandonné, à cause de la difficulté d'entonner parfaitement juste en martellant chaque note.

Pour bien exécuter ce genre, il faut une voix très-légère, un goût particulier pour l'acquérir, & une étude infatigable.

Parmi les Chanteurs qui se sont distingués dans le martellé, sont Augustin *Fontana*, disciple d'Antoine *Pasi*, & la *Visontina* de Milan.

Le Sautillant consiste à sauter d'une note à une autre, du grave à l'aigu, par de grands intervalles. (*fig.* 11.)

Ce genre est le plus difficile de tous & exige une étude particuliere & totalement séparée des autres, à cause de sa grande & continuelle légèreté. L'intonation, par exemple, quoique parfaite dans tout autre genre, doit être étudiée de nouveau dans celui-ci, à cause de l'extrême difficulté d'entonner avec la plus grande justesse en sautillant continuellement, & surtout par intervalles fort grands.

La parfaite exécution de ce genre de chant consiste donc : 1°. à entonner avec la derniere justesse. 2°. A gouverner parfaitement son haleine : 3°. A lier la premiere note à la seconde. (*) 4°. Enfin à

(*) Il est cependant certains cas où l'on peut se permettre de détacher quelques notes, & où le goût semble même l'exiger, soit pour donner plus d'éclat à certains endroits, ou pour ranimer la fin d'un passage.

donner à chaque son une force proportionnée.

La regle prescrit d'appuyer au grave, pour s'élancer ensuite sur celle à l'aigu; parce qu'il est dans la Nature que le son grave, qui vient de la poitrine, doit être plus fort que le son aigu, qui vient de la tête. Mais on a aujourd'hui renversé cet ordre, & l'on adoucit, au contraire, le son de la poitrine, pour appuyer ensuite sur celui de la tête.

Cette méthode a un inconvénient, en ce que le mouvement devenant plus lent & étant moins marqué, l'effet en est moins sensible. Néanmoins comme elle est, malgré cela, généralement reçue, le maître fera très-bien de la faire suivre à son écolier.

On doit en tout genre suivre la méthode la plus usitée, & , comme on dit vulgairement, la plus à la *mode* : car jusqu'où ne s'étend-elle pas ? (*)

Les qualités qu'exige dans la voix ce genre de chant, sont la force, l'harmonie, la légèreté surtout, & une grande étendue tant du côté du grave que du côté de l'aigu. Celui dont la voix ne réunit pas

(*) Tout chant où l'on lie deux notes éloignées, en appuyant l'une ou l'autre, est appellé chant de bravoure. (*Canto di bravoura.*) Lorsqu'on n'appuye ni l'une ni l'autre de ces deux notes, & qu'on donne à chacune la force naturelle du registre qui la fournit, ce genre de chant est appellé chant lié ou porté. (*Canto legato o portato.*) C'est alors simplement l'action de porter la voix ; autrement c'est celle de l'appuyer. Nous avons parlé ci-devant de l'une & de l'autre, Art. VI.

toutes ces qualités, tenterait en vain l'étude de ce genre.

Le moyen le plus sûr pour parvenir à chanter par sauts consiste à former ces sauts, dans les commencemens de cet exercice, avec des notes de valeur, bien entonnées, d'une voix ferme, & tout d'une haleine. Par-là on facilitera à l'écolier l'exécution des notes de moindre valeur, on raffermira totalement son intonation, & en même tems l'Art de conserver la respiration, qui est d'une nécessité absolue, & spécialement dans ce genre de chant, le plus serré de tous.

La solfiation dans cette étude doit être composée de sauts réguliers & irréguliers, pour que l'écolier ne trouve rien à l'avenir qui puisse l'embarrasser. C'est au maître à composer ces solféges à proportion des progrès de son disciple, & surtout, comme ce genre est le plus fatiguant, de telle maniere qu'ils ne puissent jamais fatiguer sa poitrine, ni même le trop essouffler.

ARTICLE XI.
Des Connaissances nécessaires à un Acteur pour bien réciter.

UNE voix quelconque & une intonation juste, jointe à toutes les qualités dont nous avons parlé, acquises ou naturelles, suffit à un Chanteur; mais non à celui qui se destine au théâtre. Un Acteur, eut-il la voix la plus parfaite & possédât-il au plus haut degré de perfection tous les agrémens du chant & l'Art de l'embellir, sera toujours très-médiocre, s'il n'y joint celui de bien réciter ou déclamer. N'eut-il, au contraire, qu'un organe ordinaire, mais accompagné de la vraie déclamation, il sera sûr d'intéresser le spectateur.

L'Art de bien déclamer consiste à emprunter & se revêtir totalement du caractère du personnage qu'on représente, à le peindre au naturel & par les gestes, & par la voix, & par ses affections propres & caractéristiques, au point de faire illusion au spectateur & de le faire s'écrier, dans l'excès de son ravissement & de son enthousiasme: *mais c'est lui... c'est lui-même... c'est César... c'est Alexandre... c'est Agamemnon...* (*)

(*) Dans les représentations qu'on vient de nous donner

Pour produire ces effets il faut le concours de trois choses. 1°. Il faut que l'Acteur se pénétre profondément du sens des paroles, pour leur donner toute l'expression possible. 2°. Qu'il parle & connaisse parfaitement sa langue, pour pouvoir unir à propos l'accent musical à l'accent oratoire. 3°. Qu'il connaisse à fond le vrai caractère du personnage qu'il doit représenter. 4°. Enfin qu'il entre si bien dans l'action du drame, & qu'il y soit tellement présent, qu'il se fasse en quelque façon illusion à lui-même.

La seconde & la troisieme de ces qualités peuvent s'acquérir par l'étude de sa langue & de l'histoire. Les deux autres, quoique les plus essentielles à un Acteur, sont des purs dons de la Nature, qu'on ne peut pas acquérir par l'Art. Il n'est point en notre pouvoir d'avoir plus ou moins d'énergie & de sentiment; mais ce qui est très-fort en notre pouvoir,

du magnifique Opera d'Iphigénie en Aulide, de M. le Chevalier Gluck, je doute qu'il s'y soit trouvé un seul spectateur, tant soit peu doué de sentiment, qui n'ait été tenté mille fois de proférer cette derniere exclamation. En effet, ce n'est plus *Larrivée* qu'on voit sur la scène ; c'est Agamemnon lui-même : c'est un pere tendre, dont l'horrible situation est peinte sur toute sa personne. D'autres parts, c'est une mere dans la plus cruelle désolation : c'est une fille docile, résignée à la mort la plus affreuse : c'est un amant passionné, furieux, & dans le plus terrible désespoir, &c. Jeunes Acteurs ! voilà vos modèles.

c'est

c'est de ne point embrasser un état pour lequel la Nature ne nous a pas destinés. (*)

Pour bien apprendre sa langue il faut étudier la Grammaire, & joindre en même-tems la pratique à la théorie. Cette pratique consiste dans la lecture des ouvrages les mieux écrits ; dans une extrême attention aux discours des grands maitres, à leur accent, à leur prononciation, à leurs gestes, &c. Ecoutez un de ces éloquens Orateurs. Combien de moyens divers n'employe-t-il point pour exprimer avec force ce qu'il dit & ce qu'il sent! Combien de suspensions & de réticences ! combien de variations & de nuances dans le son de sa voix ! Tantôt haut & tantôt bas ; tantôt fort & tantôt doux : quelquefois paisible & tranquille, tendre & affectueux, il s'insinue dans les cœurs qu'il navre de plaisirs par la douceur de son éloquence enchanteresse ; & quelquefois furieux & d'une voix tonnante, il déchire ces mêmes cœurs, dont il faisait les délices l'instant d'auparavant, les abime de douleur &

(*) « Si l'on pardonne à un Acteur le défaut de quelque qua-
» lité qu'il a pu se flatter d'acquérir, on ne peut lui pardonner
» d'oser se destiner au théâtre, destitué des qualités naturelles
» qui y sont nécessaires. " *J. J. Rousseau.* Loin donc de nos
théâtres ces maussades Acteurs qui, sans chaleur, & sans passions, n'ayant que le méchanisme de l'Art, ne peuvent communiquer à leurs très-tranquilles Spectateurs que les glaces de leur cœur & de leur faible génie.

D

de désespoir, &, ce qu'un torrent impétueux, il renverse, brise & entraîne tout ce qui s'offre à son passage. Voilà ce que fait un vrai Orateur, & ce que doit faire tout Acteur, pour s'emparer de l'ame de ses spectateurs, & faire naître à son gré tous les sentimens & toutes les passions. La lecture à haute voix des Pieces de théâtre est encore un excellent moyen pour parvenir non-seulement à bien lire & bien ponctuer, mais même à bien déclamer & à donner, à ce qu'on lit, cette vraie expression qui constitue la parfaite déclamation & caractérise l'Acteur.

A l'étude de la langue doit succéder celle de l'histoire, pour parvenir à connaître parfaitement le vrai caractère de tous les personnages qu'un Acteur doit ou peut repré-senter un jour, pour ne point tomber dans des contresens ridicules, & s'exposer aux huées d'un Parterre judicieux & instruit.

En effet, quel ridicule ne se donnerait pas un Acteur qui, représentant Jules-César, assassiné dans le Sénat, le ferait paraître lâche, poltron, & cherchant à se sauver par la fuite ; au lieu de lui faire soutenir avec courage & intrépidité, l'assaut imprévu de ses assassins, & de s'armer de la force d'ame d'un si grand héros, tel enfin que nous le dépeint l'histoire ?

Ne serait-il pas ridicule de peindre Mercure en vieillard chancelant, & Neptune en jeune étourdi, frifé & mufqué, tel en un mot que les petits-maitres de nos jours?

Ne ferait-il pas encore ridicule, dans le facrifice d'Abraham, de faire trembler l'épée dans la main de ce généreux & vertueux vieillard, de le peindre héfitant fur le parti qu'il doit prendre, & fon digne fils Ifaac faifant réfiftance & noyé dans fes larmes; au lieu de cette noble & religieufe réfignation de part & d'autre à la volonté du Très-Haut; ainfi que nous le lifons dans nos livres facrés?

Pour éviter de tomber dans de pareils contre-fens & de fe donner de fi furieux ridicules, (triftes effets de l'ignorance) toute perfonne deftinée au théâtre doit donc non-feulement lire l'hiftoire, mais la relire plufieurs fois, & très-attentivement; pour tâcher de la graver profondément dans fa mémoire; fi-non en entier, du moins les faits principaux, & furtout les divers caractères des plus grands & des plus intéreffans perfonnages de l'antiquité.

D ij

ARTICLE XII.
Du Récitatif & de l'Action.

LE récitatif est une déclamation musicale, dans laquelle on doit imiter, autant qu'on le peut, les inflexions de voix du simple déclamateur. Un récitatif bien fait & bien exécuté est si naturel, & imite si bien l'accent de la simple déclamation, qu'on peut en distinguer chaque phrase, chaque période, & chaque espèce de point, soit d'interrogation, soit d'admiration, &c. Le récitatif n'étant point un chant, n'est soumis à aucune sorte de mesure, & doit être débité rapidement, de maniere qu'on ne paraisse point chanter, mais seulement parler. Un Acteur donc qui, loin d'imiter une personne qui parle & accentue bien ce qu'il dit, de distinguer chaque phrase & chaque période, qui, en un mot, loin de débiter le récitatif, le chanterait & l'ornerait des agrémens du chant, se donnerait le plus grand des ridicules. Le seul qu'on doive y employer & qui fait un des principaux mérites du récitatif, soit simple, soit composé ou obligé, est l'accent musical. L'Art consiste à le placer à-propos. Cet accent précieux doit se pratiquer dans le cas seulement où toutes les syllabes d'un mot se trouvent écrites sur le même degré. Il consiste simplement à faire entendre un son à un degré au-dessus de celui qui est écrit. (*fig.* 12.)

Comme la parfaite exécution du récitatif, quoique très-simple, est très-rare, & que la plupart des Acteurs y commettent une infinité de défauts; je juge à-propos de les mettre sous les yeux, d'après un Auteur célèbre, pour que les uns tâchent de s'en corriger & les autres de les éviter.

« Les défauts & les abus intolérables que l'igno-
» rance a introduits dans le récitatif sont sans nom-
» bre... L'un débite le récitatif de la scène comme
» celui de l'Eglise; l'autre comme celui de cham-
» bre: l'un en fait un chant perpétuel; l'autre le
» parle trop: l'un force trop la voix; l'autre trop
» peu: l'un appuye trop la derniere syllabe; l'autre
» la tait: l'un le débite négligemment; l'autre avec
» affectation: l'un trop lentement; l'autre trop rapi-
» dement:.... l'un trop froidement; l'autre avec
» trop de chaleur :.... l'un ne le prononce pas;
» l'autre ne l'exprime pas :.... l'un le crie, le
» heurle & détonne; l'autre ne se fait pas enten-
» dre, &c. Mais de toutes les erreurs, dans lesquelles
» on tombe en s'éloignant du naturel, la pire de tou-
» tes est celle de ne penser pas à s'en corriger. »
P. F. *Tosi.*

Le seul moyen d'éviter tous ces défauts, c'est d'imiter la Nature, le plus qu'il est possible.

Un morceau de récitatif bien composé & bien

exécuté fait autant & plus d'honneur que l'Ariette la plus belle & la mieux chantée.

Ce genre, le plus naturel, le plus ancien, (*) le plus pittoresque, & le plus propre à assurer la gloire de l'Art, de l'Artiste & de l'Acteur, est cependant le plus négligé de nos jours, où l'on compte fort peu de bons élèves.

Ceux qui se sont distingués dans le récitatif sont Nicolas *Grimaldi*, plus connu sous le nom du Chevalier *Nicolino*; Marianne *Benti*, dite *la Romanino*, pour laquelle l'Abbé Metastase composa son Opéra de Didon. On peut encore citer un *Cortona*, un Baron *Ballerini*; un *Paita*, une *Tesi*, un *Monticelli*, &c. &c. Tous ces Acteurs & Actrices se sont rendus célèbres dans ce genre, non-seulement par leur parfaite déclamation, mais encore par l'Action dont ils l'accompagnaient, sans laquelle le récitatif le mieux composé serait très-languissant & ne produirait aucun effet théâtral. C'est l'action qui donne la force, l'expression & l'ame au discours : c'est l'action qui caractérise le personnage qu'on représente : c'est l'action enfin qui constitue ce que nous appellons *Acteur*. (**)

(*) « La Musique des Grecs n'était qu'une déclamation notée, » un simple récitatif, & ce ne fut que long-tems après la déca- » dence de l'Art, que ses vues se tournèrent spécialement du » côté de la mélodie ou de l'air. » *Traité du Mélo-Drame.*

(**) « Il ne suffit pas à l'Acteur d'être un excellent Chan-

L'action est proprement l'Art de la pantomime. Nous apportons tous en naissant plus ou moins de disposition à cet Art; mais il faut la polir & la perfectionner. Car tout ce que peut donner la Nature se réduit à un bel extérieur, & tout au plus à quelques graces dans les mouvemens des bras. On dit, & cela est très-vrai, que l'action doit être naturelle & non affectée; c'est-à-dire qu'elle ne doit point paraître forcée & gênée, mais aisée, noble & gracieuse; & cette aisance, cette noblesse, cette grace, ces gestes naturels, ne peuvent s'acquérir que par l'imitation de la belle Nature.

L'étude de l'action n'a pas de regles qui indiquent positivement à un écolier les gestes propres dans telle ou telle situation; mais quelques vagues qu'elles soient, elles sont plus que suffisantes pour toute personne qui a du talent pour le théatre; c'est-à-dire, de la chaleur & du sentiment; & fussent-elles plus positives & plus claires qu'un axiôme de géométrie, elles ne suffiraient jamais à celles qui sont privées des qualités naturelles qu'exige l'Art dramatique.

» teur, s'il n'est encore un excellent Pantomime; car il ne doit
» pas seulement faire sentir ce qu'il dit lui-même, mais aussi
» ce qu'il laisse dire à la symphonie. L'orchestre ne rend pas un
» sentiment qui ne doive sortir de son ame; ses pas, ses regards,
» son geste, tout doit s'accorder sans cesse avec la Musique, sans
» pourtant qu'il paraisse y songer; il doit intéresser même en
» gardant le silence. » *J. J. Rousseau.*

Tout Acteur doit être sur les planches dans une situation naturelle & non gênée, & doit sortir du théâtre avec grace. C'est-là la principale regle de l'Art, & la seule positive. Toutes les autres ne peuvent être acquises que par les leçons des grands maitres, par la lecture & la déclamation en particulier des pieces de théâtre & autres œuvres dramatiques; & surtout par l'imitation des meilleurs Acteurs; peut-être même ferait-on mieux d'étudier l'Art pantomime, sous des maitres de danse & d'escrime, du ressort desquels il dépend plus que de celui d'un maitre de Musique. La danse apprend à se tenir naturellement sur ses jambes, à bien porter les pieds, à remuer les bras & la tête avec grace, & à donner au corps en général un mouvement noble & gracieux. L'escrime délie le corps & le rend agile & robuste.

Mais l'action ne doit pas être seulement dans les gestes du corps, elle doit se peindre encore sur la figure. C'est ce qu'on appelle communément *changer de masque*; (*) c'est-à-dire, paraître doux, fier, tendre & affectueux, irrité & rempli d'indignation, &c. selon les diverses situations qu'amene le drame, & les affections qu'on veut faire éprouver

---

(*) Cette expression nous vient du théâtre des Grecs, où Eschyle avait introduit l'usage parmi les Acteurs de porter toujours un masque sur leur visage, dont la figure exprimait fortement les sentimens qui agitaient le personnage, & dont ils changeaient à chaque changement de situation.

aux spectateurs. Le grand Art consiste à faire succéder ces changemens naturellement & à-propos ; c'est-à-dire, qu'un Acteur ne doit jamais paraître indifférent & distrait pendant qu'on lui fait un récit quelconque, & n'entrer brusquement en action que lorsque la narration finit ; mais que les sentimens que ce récit inspire, doivent se manifester peu-à-peu, & croître à proportion de son intérêt. L'Acteur à cet effet doit toujours être extrêmement attentif à l'action du drame, & n'oublier jamais le personnage pour s'occuper de l'Acteur. (*)

Il faut encore, pour que l'action soit parfaite, que l'Acteur soit doué d'une heureuse mémoire, & qu'il possède parfaitement son rôle. S'il va imprudemment sur la scène, ne le possédant qu'imparfaitement, & se confiant trop en sa mémoire, aux

(*) Ici l'Auteur reprend vivement les Acteurs de sa Nation, qui, au lieu, dit-il, d'écouter quand on leur parle, & d'être attentifs à l'action, sont non-seulement distraits, mais sourient aux loges, saluent leurs connaissances dans le Parterre, &c. » On dirait, en effet, que, destinés à représenter les héros de » l'antiquité, toute leur étude soit de désabuser le spectateur, au- » quel leur jeu hébété semble dire : Ne vous y trompez pas, Mes- » sieurs, nous ne sommes ni Alexandre, ni César, ni Agamem- » non ; nous sommes vos très-humbles serviteurs, l'innocent signor » *Petricino*, le ridicule signor *Stoppiano*, & le grimacier signor » *Zoffanello*. Traité du Mélo-Drame.
Mais que peut-on exiger de plus que la voix de ces corps sans ame, de ces automates vivans ?

secours du souffleur, & aux motifs de l'orchestre, il est moralement impossible qu'il puisse accompagner ce qu'il dit de l'action convenable : son esprit, trop occupé de la Musique, ne peut être attentif à autre chose : Dès lors l'Acteur n'est plus qu'un Musicien, un Chanteur sur la scène, & la salle de spectacle devient une salle de concert. (*)

Enfin, pour bien exprimer, il faut bien sentir; & pour bien sentir, il faut être né avec une ame tendre, sensible, délicate, & prompte à s'enflâmer. Qualités sans lesquelles l'expression sera toujours faible, & l'action toujours froide & languissante, quelque bon Chanteur & excellent Musicien, qu'on soit d'ailleurs.

« Le grand Art & les grands effets d'un Acteur sont dans l'action: *actio, actio, actio.* » M. T. Ciceron.

(*) « Rien n'est plus insupportable & plus dégoûtant que de voir un héros dans les transports des passions les plus vives, contraint & gêné dans son rôle, peiner & s'assujettir en écolier qui repète mal sa leçon; montrer, au lieu des combats de l'amour & de la vertu, ceux d'un mauvais Chanteur avec la mesure & l'orchestre, & plus incertain sur le ton que sur le parti qu'il doit prendre. Il n'y a ni chaleur ni grace sans facilité, & l'Acteur dont le rôle lui coute, ne le rendra jamais bien. » J. J. *Rousseau.*

Rien n'est plus vrai : car quel effet, quel plaisir, quelle illusion peut produire sur moi un Chanteur, quand je le vois mal affermi dans son rôle, & tremblant dans l'exécution ? C'est un martyre & pour lui & pour moi.

ARTICLE XIII, ET DERNIER.

De l'Ordre qu'on doit observer dans l'Etude de l'Art du Chant.

L'ORDRE de l'étude de l'Art du chant consiste en général à suivre pas-à-pas, sans la moindre anticipation, les progrès des écoliers, quels qu'ils puissent être; c'est-à-dire, qu'on ne doit jamais leur donner des difficultés à vaincre au-delà de leurs forces; mais toujours à-proportion de leur âge, & de leur capacité, & qu'on ne doit point forcer leur esprit, encore moins leur corps.

Je m'étais proposé de joindre à ce Traité un choix de solfèges des meilleurs Auteurs, tels que *Leo*, *Porpora*, *Scarlatti*, *Durante*, *Mazzoni*, *Hasse*, &c. Mais ayant réfléchi sur la valeur de ceux de tant d'excellens maîtres de nos jours, j'ai abandonné cette idée comme superflue & inutile. Mon projet était de former de ce choix un recueil varié & méthodique qui eut joint l'utile à l'agréable. (*) L'accompagnement

---

(*) Ce projet a été exécuté en France par MM. Levesque & Bèche, ordinaires de la Musique de Sa Majesté. On ne peut, sans doute, qu'applaudir au choix de ces excellens solfèges, vraiment variés & méthodiques, ainsi qu'aux gradations bien

qui regne au-dessous des solfèges de chacun de ces grands maîtres, ne peut qu'être avantageux à l'écolier, en ce qu'il assure & soutient son intonation, & accoutume tellement son oreille à l'harmonie que, l'habitude étant une fois contractée, non-seulement il ne peut plus chanter sans accompagnement, mais qu'étant même accompagné à l'unisson ou à l'octave, il lui est impossible de poursuivre son chant. (*)

ménagées dans les difficultés que présente l'Art du chant. Mais, quelques savans & méthodiques que soient ces solfèges, qu'il nous soit permis de dire ici, qu'ils ne peuvent suffire pour tout écolier, par la même raison que le même remède ne peut être employé avec un égal succès pour toute espèce de tempérament. De la disparité sensible qu'on remarque dans le physique de l'homme, on peut conclure de celle qui existe dans son moral. Or, pour suivre pas-à-pas chaque écolier selon l'ordre prescrit par *Mancini*, ne serait-il pas mieux que le maître donnât ses solfèges lui-même en les proportionnant à leur âge, à leur force & surtout à leur capacité ?

(*) Cette habitude dans un écolier est-elle avantageuse ? La raison & l'expérience décident que non. Une femme de qualité de Paris m'a assuré que sa fille aînée, n'ayant jamais solfié sans être accompagnée du clavecin, par un effet ordinaire de l'habitude, ne saurait entonner juste sans le soutien de cet instrument, ou de tout autre accompagnement. Aussi défend-elle très-expressément, & avec raison, aux maîtres de sa cadette tout accompagnement d'instrumens quelconques. Un excellent

DU CHANT FIGURÉ.

L'écolier étant parvenu par l'étude des solfèges à vaincre les difficultés qu'elle présente, le maitre doit, sans différer, y joindre celle du récitatif, pour l'accoutumer à l'usage de la vocale, qu'on ne sauroit trop tôt entreprendre; ainsi qu'il a été dit, &

maître de clavecin, Italien de nation, m'a également assuré, que, par la même raison, les Chanteurs d'Italie entonnent rarement juste sans le soutien de quelque instrument. Tels sont les tristes effets d'une fatale habitude.

Jusques-à quand l'homme sera-t-il un obstacle à la Nature? Nos facultés & nos organes ne sauraient-ils se développer & se former sans le secours importun de l'Art? C'est à lui à aider tout au plus ce développement, & à polir & rectifier la Nature quelquefois défectueuse; mais non à la contraindre de suivre ses loix. Un écolier a-t-il l'intonation fausse, c'est à l'Art à tâcher de la corriger. Mais entonne-t-il naturellement juste, sans son secours, gardons-nous d'y toucher, & laissons-le marcher en liberté, sans néanmoins l'abandonner un seul instant, crainte des faux-pas, à l'imitation des nourrices à l'égard de leurs nourriçons; il ne peut qu'y gagner, & il ne tardera pas, quelque chancellant qu'il soit, d'être parfaitement affermi moyennant l'exercice. Viennent alors, tant qu'il leur plaira, les soutiens & les accompagnemens de toute espèce, il n'en sera que plus ferme & plus assuré dans son intonation; & quelques variés & baroques qu'ils soient, quelque recherchée & peu naturelle que soit l'harmonie de la Musique moderne, son oreille n'aura pas de peine à s'y accoutumer. C'est ce que nous osons assurer d'après l'expérience. Si l'écolier est ferme dans son intonation sans le secours de l'Art, combien ne le sera-t-il pas infiniment

pour lui rendre l'intonation sûre par la rapidité du débit & le mettre en même-tems au fait du vrai stile du récitatif parlé.

A cette étude doit succéder, par gradation du lent au léger, celle des différentes sortes d'airs, pour accoutumer insensiblement la poitrine à soutenir l'haleine; de telle maniere cependant qu'elle ne soit jamais fatiguée. Après quoi l'on pourra passer à l'étude des Duo, pour former l'oreille à la parfaite intonation, pour modifier la voix, & la proportionner à la force de celle de l'autre Chanteur; & de-là enfin successivement aux différens genres de composition à plusieurs parties.

Dans le cours de ces études le maître doit commencer par découvrir à quel genre de chant son écolier est le plus naturellement porté, quelles sont ses forces morales & physiques, & conformer ses leçons à ces découvertes; observant scrupuleusement de ne jamais forcer sa voix; de la conduire par gradations insensibles & proportionnées à sa capacité, à son âge & à ses forces, sans précipiter, ni déranger jamais l'ordre de ses études.

davantage avec son secours? Quiconque fait faire usage de ses jambes, saura toujours se faire traîner en carrosse. Aidons donc à la Nature; mais ne la forçons jamais: craignons surtout de l'assujettir à aucune fatale habitude: elle est, dit-on, une seconde Nature.

Je n'ai jamais oublié le trait que je vais rapporter, & par lequel je terminerai cet ouvrage.

J'ai étudié pendant deux ans sous le fameux Leonard *Leo* qui tenait ses cours à Naples. Ce grand maitre était dans l'usage de donner tous les trois jours de nouveaux solféges à ses écoliers, toujours proportionnés aux forces & aux connaissances de chacun. J'avais quatorze ans lorsque je commençai à travailler sous lui. Parmi ses différens éleves il y en avait plusieurs plus avancés que moi, & dont les leçons étaient par conséquent d'une exécution plus difficile que les miennes. Un jour qu'on m'en donnait une nouvelle, ne la croyant pas plus difficile que les autres, & prévenu par les idées avantageuses que les jeunes gens ont toujours d'eux-mêmes, je proposai à mon maitre de me laisser chanter celles de mes collégues, ne les croyant pas au-dessus de mes forces. Le bon *Leo*, persuadé que l'expérience de ma propre insuffisance serait la meilleure leçon de modestie qu'il pourrait me donner, feignit de se prêter à mon desir & me permit cet essai avantageux de moi-même. En effet, je commençai & finis assez heureusement la premiere Portée, mais à l'endroit difficile il m'arriva ce qui arrive à un enfant qui entreprend une course trop forte, & qui tombe à la renverse faute d'haleine. Alors ce maitre intelligent & sage me dit, en souriant, ces paroles, que tout maître & tout disciple doivent graver dans leur mémoire : *J'ai admiré votre émulation, & je la loue, mais je ne dois pas la seconder, parce que je dérangerais l'ordre de votre étude, & causerais par-là votre perte. Continuez seulement à étudier avec méthode & attention, & dans quelque tems d'ici vous joindrez vos compagnons & les devancerez peut-être.*

FIN.

ERRATA.

Page 2, ligne 7, c romatiques, *lisez*, chromatiques.
Page 8, ligne 13, Visconcina, lisez, Viscontina.
Page 9, ligne 2, Consorri, lisez, Consorti.
Page 13, ligne 12, entendre, *lisez*, étendre.
Page 15, ligne 24, dégagés, *lisez*, dégagées.

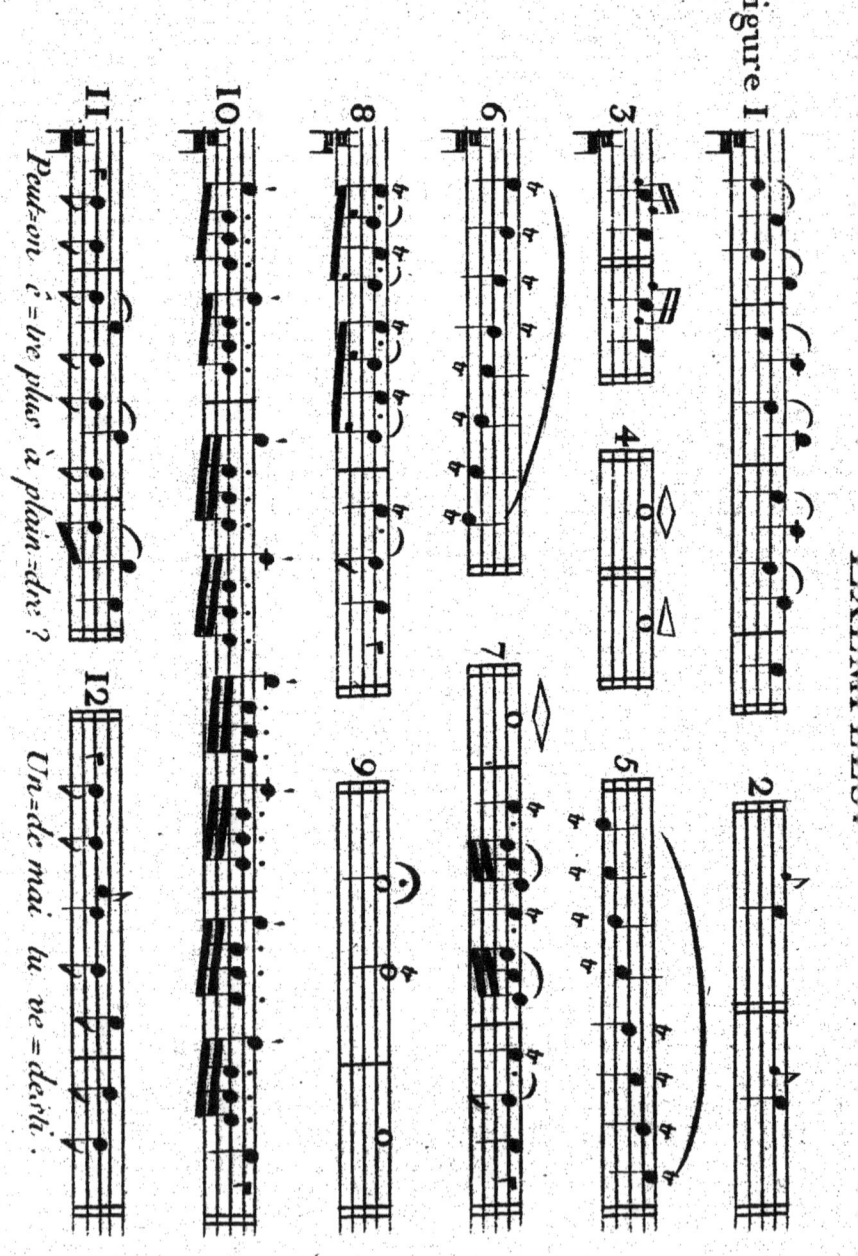

Figure 1

www.ingramcontent.com/pod-product-compliance
Lightning Source LLC
LaVergne TN
LVHW051508090426
835512LV00010B/2413